Lene Mayer-Skumanz
… WENN DU MEINST, LIEBER GOTT

Lene Maye

...wenn du meinst, lieber Gott

Geschichten für Aufgeweckte

Illustriert von
Christina Oppermann-Dimow

Gabriel Verlag

Mayer-Skumanz, Lene:
…wenn du meinst, lieber Gott
ISBN 3 522 30009 2

Einband- und Innenillustrationen: Christina Oppermann-Dimow
Druck und Bindung: Friedrich Pustet, Regensburg
© 1998 by Gabriel Verlag in K. Thienemanns Verlag, Stuttgart – Wien
Printed in Germany. Alle Rechte vorbehalten.
17 16 15 14* 01 02 03 04

Wie Xaverl den lieben Gott
lachen hört

Xaverls Eltern haben einen Freund, der Weinbauer ist.

Er ist auch Xaverls Freund.

Er bringt ihm leere Schneckenhäuser vom Weinberg mit.

Er zeigt ihm das Schwalbennest unter dem Presshausdach.

Er hebt nach der Lese die schönsten Trauben in einem kühlen Kellerwinkel für Xaverl auf.

Die beste Zeit für einen Besuch bei ihm ist Mitte Oktober.

Vor dem Presshaus trocknen die Bottiche in der Sonne. Die ganze Kellergasse duftet nach Trebern, nach den Überresten der ausgepressten Trauben. Die Wespen taumeln im Flug, sie sind berauscht vom Duft.

Der Bauer füllt einen Krug bis oben mit süßem Traubensaft und stellt ihn vor Xaverl hin. Für die

Erwachsenen holt er eine Flasche Wein aus dem Keller.

Vor der Laube auf dem flachen Dach kann man weit über Äcker und Gärten sehen. Die Birken haben schon gelbe Blätter, der wilde Wein färbt sich rot.

„Ein Tag wie heute, da lacht einem das Herz im Leib", sagt der Bauer und zwinkert Xaverl zu. „Mach einen Rundgang und schau dir alles an!"

Er weiß, dass Xaverl nicht gern so lange bei den Erwachsenen sitzt.

Xaverl geht den Weg zum Weinberg hinauf, vorbei an Gärten voller Astern. Da ist ein Gitterzaun, von wildem Wein ganz überwachsen. Xaverl bleibt stehen und schaut die roten Blätter an. Sie glänzen in der Sonne. Er findet ein Blatt, das keinen grünen Fleck mehr hat. Es ist ganz und gar rot. Noch nie hat Xaverl ein so schönes Blatt gesehen.

„Du lieber Gott, ist das aber schön!", sagt er. Wie laut seine Stimme klingt in der wespensurrenden Stille! Xaverl horcht seiner Stimme nach und lacht vor Überraschung.

„Du lieber Gott …", hat er gesagt, ganz laut, als könne ihm einer zuhören. Aber er steht allein vor dem Gitterzaun, es ist keiner da, der ihn hören kann.

„Du …", sagt Xaverl noch einmal in die Stille hinein. „Du, lieber Gott. So ein schönes Blatt wie das da hast du bestimmt noch nie gesehen!"

Er hört ein Lachen wie eine Antwort, ein Lachen aus der Nähe, aber da ist niemand zu sehen, der lacht.

Xaverl hält den Atem an. Er horcht mit aller Kraft.

Dann fragt er: „Bist du das, lieber Gott?"

„Ich bin's, ja!"

„Du hast *gelacht* ..."

„Ich freue mich, dass dir das Blatt gefällt."

Xaverl denkt nach. Er sagt: „Ich lache auch manchmal, wenn einem anderen etwas gefällt, was ich gemacht habe. Der Kranich aus Papier zum Beispiel. Den hab ich für unseren Freund, den Weinbauern, gefaltet. Zum Trost, weil seine Schwalben fortgeflogen sind. Da hat er gesagt: ,Na so was, ist mir wirklich wieder ein Vogel zugeflogen, danke, der ist aber schön!' Da hab ich vor Freude gelacht ..."

Xaverl horcht, ob der liebe Gott ihm noch etwas antworten will, aber er hört nur die Wespen surren. Er geht den Weg zum Presshaus zurück.

„Na, war's schön?", fragt der Weinbauer aus der Laube herunter. Xaverl nickt nur.

Er hört seine Eltern miteinander reden.

Auf einmal weiß er, wie er es beschreiben könnte. Falls ihn je einer fragt, wie das klingt, wenn Gott lacht, wird er sagen: hell und dunkel zugleich. So, wie wenn der Vater und die Mutter gemeinsam lachen.

Xaverl
mistet den Hühnerstall aus

Deine kleine, rote Lade solltest du ausmisten", sagt die Mutter zu Xaverl. „Sie klemmt schon, so viel ist drin".

„Ja", sagt Xaverl. „Aber zuerst geh ich noch schnell zur Frau Grammelschneider hinüber."

Die Frau Grammelschneider wohnt im Nachbarhaus. Sie ist schon ziemlich alt und sieht nicht mehr gut. Im Hof hinter dem Haus hat sie einen Hühnerstall mit einem schwarzweißen Hahn und sieben reinweißen Hühnern.

„Frau Grammelschneider", sagt Xaverl, „gehört Ihr Hühnerstall nicht wieder ausgemistet?".

„Freilich gehört er ausgemistet", sagt Frau Grammelschneider. „Aber allein schaffe ich das nicht mehr."

„Ich helfe Ihnen", sagt Xaverl.

Noch nie hat Xaverl so einen verdreckten Hühnerstall gesehen. Der Mist klebt an den Wänden und an den Stangen und auf dem Boden. Das Stroh riecht faulig. Xaverl häuft es auf den Schubkarren. Vier Schubkarren voll stinkendem Stroh führt er weg. Dann kratzt er mit einer Spachtel den Dreck von Wänden und Boden. Frau Grammelschneider putzt das Fenster und wäscht die Tür. Die Hühner flattern aufgeregt umher, sie sind das Stallausmisten nicht gewohnt. Immer wieder hackt der schwarzweiße Hahn nach Xaverls Beinen. Xaverl schnauft und schwitzt, die Frau Grammelschneider stöhnt und reibt sich den Rücken. „Das ist eine Arbeit!", sagt sie.

„Das ist wirklich eine", sagt Xaverl.

Endlich ist der Stall wieder sauber. Die Hühner drängen sich auf der Stange, der schwarzweiße Hahn schielt mit blutunterlaufenen Augen nach Xaverls Beinen. Xaverl verabschiedet sich. Er ist von oben bis unten schmutzig, in seinem verschwitzten Haar kleben weiße und schwarzweiße Federn.

Auf der Straße trifft Xaverl die blonde Sabine aus dem Neunerhaus.

„Na servus, schaust du aus!" , sagt Sabine.

„Ich hab den grammelschneiderischen Hühnerstall ausgemistet!", sagt Xaverl.

„Enorm", sagt Sabine. „Allein?"

„Beinah allein", sagt Xaverl.

Er geht ins Haus. Die Mutter schaut ihn an, packt ihn und zieht ihn ins Badezimmer. Ohne viel zu fragen, steckt sie den Xaverl in die Badewanne.

„Nicht auch die Haare!", schreit Xaverl. „Lass mir die Federn drin!"

Aber die Mutter wäscht ihm auch das Haar.

„Weißt du", sagt Xaverl, „ich habe ihr helfen müssen. Es war furchtbar schwer. Den ganzen Hühnerstall ... Ich bin schrecklich müde. – Die kleine, rote Lade miste ich morgen aus."

Im Bett sagt Xaverl zum lieben Gott: „Du, bist du da?" Und dann wird er still, ganz still, damit er hören kann, was ihm der liebe Gott antwortet.

„Ja", sagt der liebe Gott, „ich bin da."

„Meine kleine, rote Lade ...", sagt Xaverl. „Die hätte ich ausmisten sollen. Die Glaskugeln aussortieren, alle, die mir gehören, und die, die ich ausgeborgt hab. Und eine schöne, große hab ich dem Franzi versprochen, damit er mich auf seinem Rad fahren lässt. Und die angefangene Zeichnung für die Tante Renate ist drin in der Lade, ein Vogelnest mit Jungen, das hat sie sich von mir zum Geburtstag gewünscht. Und der Geburtstag ist schon vorbei, aber die Tante Renate wünscht sich das Bild noch immer! Und der Brief von der Sophi ist drin mit dem komischen Schluss, EWIG DEIN, und ich weiß nicht, was ich zurückschreiben soll ... Und sonst noch viel Kram und Klump und kaputte Sachen, wer weiß, was da alles zum Vorschein kommt, wenn ich ausmiste!"

„Eine harte Arbeit", sagt der liebe Gott. „Aber jetzt

10

hast du dir eine genaue Liste gemacht, was du alles tun musst."

„Hühnerstall ausmisten ist hundertmal lustiger", sagt Xaverl.

„Ich weiß, ich weiß", sagt der liebe Gott. „Und jetzt schlaf gut."

Xaverl und der Rotschopf

averl steht vor dem Bäckerhaus, einem Brotwecken unter dem linken Arm und ein Netz
voll Semmeln in der rechten Hand. Er sieht,
wie der Rotschopf aus dem Siebzehnerhaus
über den Marktplatz rennt, am Brunnen vorbei.
Gerade vor dem Pranger erreicht er den kleinen Toni.
Er reißt ihm die Schultasche aus der Hand und hängt
sie hoch über Tonis Kopf an die oberste Eisenzacke
des Prangers. Toni weint. Der Rotschopf steht breit-
beinig da und lacht. Er ist größer und stärker als
Toni, auch größer und stärker als Xaverl. Und jetzt
gibt er dem Toni einen Stoß, dass er hinfällt. Toni
heult herzerweichend.

„Lieber Gott", sagt Xaverl, „muss ich mir das anschauen?"

„Das kann man dir wirklich nicht zumuten", sagt
der liebe Gott.

„Tun wir was!", sagt Xaverl. Er läuft auf die

beiden zu, lehnt den Brotwecken an den Pranger, hängt das Semmelnetz neben die steinerne Kugel und hebt Tonis Schultasche herunter.

„Toni, lauf!"

Vor Schluchzen kann Toni nicht einmal danke sagen.

„Du miserable kleine Kröte!", sagt der Rotschopf. „Was mischst du dich da ein? Na wart!"

Er tritt Xaverl gegen das Schienbein.

„Au weh!", sagt Xaverl. „Und ich kann's trotzdem nicht leiden, dass du den Toni ärgerst. Das ist feig, ein so dicker Großer gegen einen so kleinen Dünnen!"

„Wenn du glaubst, dass ich mir von dir was sagen lasse …", brummt der Rotschopf. „Du Rotznase!" Er spuckt Xaverl an und geht.

„Und jetzt?", fragt Xaverl den lieben Gott.

„Jetzt müssen wir viel Geduld mit ihm haben", sagt der liebe Gott.

„Er hat mich sogar angespuckt", sagt Xaverl.

„Er hat uns beide angespuckt", sagt der liebe Gott.

„Nein, nein!", sagt Xaverl erschrocken. „Nur mich!"

Am nächsten Tag trifft er den Rotschopf auf dem Eislaufplatz. Der Rotschopf rempelt ihn an: „Mamaliebling! Daumenlutschbaby! Mädchenfreund!"

„Selber Mädchenfreund!", sagt Xaverl.

Am übernächsten Tag trifft er den Rotschopf beim

Kindergarten. Der Rotschopf holt seine kleine Schwester ab. Er nimmt sie fest an der Hand und führt sie über die Straße. Er wird rot, als er Xaverl erkennt.

„Hallo, Maulaufreißer!"

„Selber Maulaufreißer", sagt Xaverl freundlich.

Am dritten Tag trifft er den Rotschopf auf der schmalen Christophorusbrücke. Der Rotschopf marschiert hinter seiner Mutter her und trägt ihr zwei schwere Taschen voll Gemüse und Obst. Er wird bis über beide Ohren rot, als er Xaverl daherkommen sieht.

„Hallo, Stänkerer!"

„Ich heiße Xaver", sagt Xaverl und macht dem Rotschopf und seiner Mutter Platz. „Und wie heißt du?"

„Hans", sagt der Rotschopf. „Und wenn du mich jemals Rotschopf nennst, kriegst du einen Tritt, dass du bis zum Kometen fliegst!"

Xaverl sieht Hans von der Seite an. „Ich finde deine Haare gar nicht so schlecht", sagt er erstaunt.

Die Mutter des Rotschopfs dreht sich zu den Buben um.

„Was ich dem Hansi immer sage!", ruft sie. „Auch mir gefällt seine Haarfarbe, aber die meisten Kinder verspotten ihn deswegen …"

„Vergiss diese Rotznasen, und hör halt nicht hin", sagt Xaverl zu Hans. „Tschüs!"

„Tschüs!", brummt der Rotschopf.

Die alte Bäckerin

Auf dem Weg vom Hallenbad nach Hause kommt Xaverl jedesmal an einem Garten vorbei, in dessen Rosenbeeten Stangen mit großen, roten und blauen Glaskugeln stehen. Sooft Xaverl die Glaskugeln sieht, fällt ihm die alte Bäckerin ein. Die hat auch solche Glaskugeln als Schmuck in ihrem Garten, nicht nur rote und blaue, auch goldfarbene. Und jedesmal überlegt Xaverl, ob er nicht den Umweg machen und bei der alten Bäckerin vorbeischauen soll.

An einem nebeligen Novembertag macht er den Umweg. Die Bäckerin wohnt in einer Siedlung weiter draußen, jedes Haus gleicht dem anderen, aber Xaverl erkennt den Vorgarten. Die Rosenbäumchen tragen Strohmäntel als Schutz gegen die Kälte. Die roten, blauen und goldenen Glaskugeln sehen im feinen Nebel fremd und geheimnisvoll aus.

Xaverl läutet am Gartentor.

Nach langer Zeit geht ein Fenster auf, die alte Bäckerin schaut heraus, sie hat sich ein Tuch um den Kopf gebunden.

„Xaverl, bist du das?"

„Ja", sagt Xaverl. „Grüß Gott. Geht's Ihnen gut?"

„So halbwegs", sagt die Bäckerin. „Und was hättest du gern?"

„Ich? Wieso?", fragt Xaverl.

„Na, weil du angeläutet hast bei mir", sagt die Bäckerin.

„Ich wollt nur wissen, wie es Ihnen so geht", sagt Xaverl.

Die Bäckerin schaut sehr erstaunt drein.

„Ach so", sagt sie. „So etwas … Ja, wie soll's mir denn gehen … Das Geschäft fehlt mir, der Geruch nach frischen Semmeln. Und das Reden mit den Leuten. Aber mein weher Rücken und meine wehen Beine … Ich hab das viele Stehen nicht mehr aushalten können. Und die Jungen wollten mir nicht mehr erlauben, dass ich mich weiter so plage."

Xaverl nickt. Mit den „Jungen" meint die Bäckerin ihre Kinder, aber die sind in Xaverls Augen auch schon recht alt.

„Meinem Vater gehen Ihre Nusskipferln ab. Nirgends mehr, sagt mein Vater, bekommt man solche Nusskipferln, wie früher bei Ihnen."

Die Bäckerin freut sich.

„Die Jungen haben sich mehr auf Salziges spezialisiert", sagt sie dann. „Sie haben sehr viele Sorten, besonders beim Kleingebäck. Kennst du die Sesamknusperln?"

„O ja, die Sesamknusperln", sagt Xaverl, „also die schmecken mir, ehrlich gesagt, am allerbesten."

„Das Rezept ist von mir", sagt die Bäckerin. „Ich hab es den Jungen geschenkt. Du, mir wird kalt, wenn ich da länger am Fenster steh. Sag deinen Eltern, ich lasse sie grüßen. Und danke für den Besuch. Das war nett von dir."

Nun merkt auch Xaverl, dass der Nebel dichter geworden ist. Ganz matt in den Farben sind die gläsernen Kugeln, man sieht sie kaum.

Rasch geht Xaverl nach Hause.

„Du, lieber Gott", sagt er inwendig, während er durch den Nebel läuft, „weißt du, was mich wundert? Dass sie geglaubt hat, ich will was von ihr."

„Sie ist es halt so gewohnt", sagt der liebe Gott. „Die Leute kommen meistens nur dann, wenn sie etwas wollen. Ich kenne das. Mir geht es ähnlich. An mich erinnern sie sich oft erst dann, wenn sie mich um etwas bitten wollen."

„Das find ich ungemütlich", sagt Xaverl. „Erstens, dass es so ist. Und zweitens, dass sich die Bäckerin dran gewöhnt hat. Dass es für sie normal ist."

„Jetzt ist es nicht mehr normal für sie", sagt der liebe Gott. „Jetzt weiß sie, dass es auch anders geht, weil du sie besucht hast."

18

„Vielleicht", sagt Xaverl, „vielleicht schaut sie jetzt auch einmal bei einem vorbei, den sie lang nicht gesehen hat. Nur so. Ohne dass sie was will."

„Bei diesem Nebel geht sie nicht aus", sagt der liebe Gott. „Sie wird telefonieren. Und das finde ich genauso gut."

Adventgespräch

In der Zeichenstunde malen die Kinder Einladungskarten für das Adventspiel in der Schule. Xaverl malt den Verkündigungsengel, wie er gerade bei Maria ankommt: Mit seinen starken Flügeln hat er den Vorhang des Fensters zur Seite wehen lassen; in der Hand hält er einen Blumenstrauß.

„Schön, nicht?", sagt Xaverl zum lieben Gott. Er sagt es nicht laut. Er sagt es in seinem Inneren. Kein Kind in der Klasse merkt, dass Xaverl sich eben mit dem lieben Gott unterhält. „Jetzt weiß die Maria, dass das Jesuskind kommen wird. Jetzt kann sie auf seine Ankunft warten, Windeln nähen und sich freuen. – Und dann male ich noch die Hirten, wie sie bei der Krippe ankommen. Und den Stern, wie er über dem Dach ankommt, und die Heiligen Drei Könige keuchen hinter ihm her. Lauter Ankunftsbilder. Advent heißt Ankommen, das haben wir

gelernt. Gefällt dir das Bild, wie der Engel bei Maria ankommt?"

Und dann wird Xaverl still, ganz still, damit er hören kann, was der liebe Gott ihm antwortet.

„Ja", sagt der liebe Gott. „Besonders der Blumenstrauß."

„Kommst du eigentlich bei allen Menschen an?", fragt Xaverl.

„Ja", sagt der liebe Gott.

„Nur einmal oder öfters?", fragt Xaverl.

„Immer", sagt der liebe Gott. „In jedem Augenblick komme ich an."

„Nur werden es manche nicht gleich erkennen", sagt Xaverl.

„Manche wollen es nicht erkennen."

„Was machst du dann?", fragt Xaverl.

„Ich warte", sagt der liebe Gott.

„Advent ist auch die Zeit des Wartens, haben wir gelernt", sagt Xaverl. „Nur hätt ich nie gedacht, dass du es bist, der wartet." Er denkt nach. „Allein warten ist nicht schön. Ich könnte dir beim Warten helfen, wenn es dir recht ist."

„Da wirst du aber viel Geduld haben müssen", sagt der liebe Gott.

„Wenigstens probieren will ich's", sagt Xaverl. „Und wenn dann einer zu dir sagt: ‚Oh, da bist du ja!‘, freuen wir zwei uns gemeinsam. Einverstanden?"

„Einverstanden", sagt der liebe Gott.

22

Xaverl hat ein Problem

„Du, lieber Gott, bist du da?", fragt Xaverl am Abend im Bett. Und dann wird er still, ganz still, damit er hören kann, was der liebe Gott ihm antwortet.

„Ich bin da", sagt der liebe Gott.

„Ich hab ein Problem", sagt Xaverl. „Du hast doch alle Menschen lieb, oder?"

„Ich habe sie alle lieb", sagt der liebe Gott.

„Auch die Lisi aus dem Fünfzehnerhaus?", fragt Xaverl.

„Auch die Lisi aus dem Fünfzehnerhaus", sagt der liebe Gott.

„Normalerweise kann ich sie ja auch ganz gut leiden", brummt Xaverl. „Aber heute hab ich sie nicht ausstehen können! Mir wird heiß vor Zorn, wenn ich nur an sie denke! Die ganze Probe für unser Adventspiel hat sie uns verpatzt! Nur weil sie selber ihre Engelrolle schon kann und wir anderen

unsere Hirtenrolle noch nicht. ‚Was, du willst ein Hirte sein?‘ hat sie zu mir gesagt. ‚Ein feiner Hirte, der seinen Text nicht weiß, ein Stotterhirte! Spiel doch ein Schaf, das nur BÄH sagen muss! Spiel einen Baum, der muss gar nichts sagen!‘ – ‚Ein feiner Engel, wirklich zum Fürchten‘, hab ich geantwortet, ‚ein Keifengel von der ärgsten Sorte!‘ – Dann waren wir bös aufeinander. Und darum kann ich sie heute nicht leiden, ich kann nicht! Ich will sie heute auch gar nicht leiden können!"

„Nicht einmal können wollen?", fragt der liebe Gott.

„Nicht einmal das!", murmelt Xaverl. Dann denkt er nach. „Ich hab eine Bitte an dich, lieber Gott. Kannst du heute die Lisi doppelt so lieb haben, weil ich es nicht fertig bringe? Geht das? Bitte!"

„O ja, das geht", sagt der liebe Gott.

„Da bin ich aber froh", flüstert Xaverl und er schläft so schnell ein, dass er dem lieben Gott nicht einmal mehr gute Nacht sagen kann.

Xaverl
und das Lied vom Jubeln

In der Weihnachtsmette hört Xaverl ein Lied, über das er viele Tage lang nachdenken muss. Er hat auch nicht alles verstanden, was der Chor da gesungen hat, aber soviel doch: Der Himmel, der soll sich freuen, und die Erde soll jubeln, wenn Gott kommt. Das Meer soll aufbrausen vor Jubel, und alles, was im Meer schwimmt und lebt. Die Bäume im Wald sollen jubeln, wenn Gott kommt ...

„Aber du bist doch schon da", sagt Xaverl zum lieben Gott. Und dann wird er still, ganz still, damit er hören kann, was der liebe Gott ihm antwortet.

„Ja", sagt der liebe Gott, „ich bin da."

„Na, und jubeln sie?", fragt Xaverl.

„Ja", sagt der liebe Gott.

„Ich habe noch nie einen Baum jubeln gehört", sagt Xaverl. „Vielleicht sind meine Ohren nicht fein genug ..."

„Deine Ohren sind fein genug", sagt der liebe Gott. „Und außer den Ohren hab ich dir noch Augen gegeben und eine Nase und Fingerspitzen und überhaupt sehr viel Haut. Das musst du alles verwenden."

„Gut, wenn du meinst", sagt Xaverl. „Dann geh ich jetzt und höre zu von Kopf bis Fuß."

Er stapft die Straße entlang und einmal um den Marktplatz herum und zurück in den Garten. Er spitzt die Ohren, er streckt die Nase hoch in die Luft, er macht die Augen auf, damit ihm nur nichts entgeht von dem großen Jubel.

Und wirklich:

Die dunkle Wolke am Himmel jubelt mit hellem Rand.

Das Bäckerhaus jubelt mit warmem Rauch und dem Duft nach frisch gebackenem Brot.

Der Rauhhaardackel vor dem Supermarkt jubelt mit seinem Schwanz.

So viele Arten von Jubel.

Im Garten der Kastanienbaum mit seinen harten, kleinen rotbraunen Knospen – jubelt er auch?

Xaverl zieht die Handschuhe aus und legt die Hände an den Stamm. Er presst sein Gesicht an die schwarze Rinde. Xaverl wartet. Er hört sich atmen und das ist schön. Ein und aus, ein und aus, die kalte Luft durch die Nase ein, die warme Luft durch den Mund hinaus. Die warme Luft wird zu kleinen Wolken. Die schweben einen Augenblick lang vor

Xaverls Gesicht und steigen dann auf, den Stamm entlang nach oben. Xaverl freut sich. Er denkt: Ich juble mit meinem Atem.

Er spürt den Baum an seiner warmen Haut. „Servus, du, Baum", sagt Xaverl, „ich glaube, da drinnen jubelst du mit."

Xaverl überlegt es sich

Vom Dach des Schuppens hängen Eiszapfen. Sie schimmern weiß und haben fast durchsichtige Spitzen. Sie sehen aus, als könnten sie klingeln und klingen, wenn man den Fingernagel ganz zart gegen sie stippt. Xaverl stippt seinen Finger gegen einen Eiszapfen. Der Zapfen bricht ab und fällt und zerschellt klirrend auf dem Boden.

Xaverl schaut betroffen drein. Irgendwo in ihm drinnen geht es auch klirr, klirr, klirr. Xaverl horcht in sich hinein.

„Als hätt ich ein Echo da drinnen", sagt er.

Zwei Krähen streiten um einen Apfelbutzen. Eine dritte Krähe kommt geflogen und jagt die anderen mit scharfen Schnabelhieben fort.

„Au weh, au weh", macht es irgendwo drinnen im Xaverl.

„Ich hab ein Echo da drinnen", sagt Xaverl erschrocken.

Auf dem Schlittenhügel drüben weint ein Kind. Vielleicht ist ihm kalt oder sein großer Bruder fährt zu schnell oder es will auch einmal Steuermann sein, und die anderen lassen es nicht.

Xaverl horcht – und er hört es tief in sich mitweinen.

„Du, lieber Gott", sagt Xaverl, „nimm mir das bitte weg!"

„Das, was du Echo nennst?", fragt der liebe Gott.

„Ja. Bitte!", sagt Xaverl.

„Überleg es dir noch ein bisschen", sagt der liebe Gott.

„Gut, wenn du meinst", sagt Xaverl.

Er geht ins Haus und in die Küche zur Mutter. Die Mutter lacht über das ganze Gesicht. „Noch nie ist mir ein Apfelstrudel so gut gelungen", sagt sie. „Da, koste einmal!"

Xaverl spürt das Lachen tief drinnen in seinem Bauch und es wird ihm warm und wohlig, noch bevor er das erste Stück Strudel im Mund hat.

Auch der Vater kostet den Apfelstrudel.

„Mmm", sagt er zur Mutter, „du bist meine Lieblingsköchin", und er beugt sich zu ihr hinunter und gibt ihr einen Kuss.

„Mmmm", macht es drinnen im Xaverl, wie eine dicke Katze, die schnurrt, und dabei ist es nur der Kuss, den der Vater der Mutter gegeben hat.

„Lieber Gott", fragt Xaverl am Abend im Bett,

„kann ich mir aussuchen, wann ich das Echo haben will und wann nicht?" Und dann wird er still, ganz still, damit er hört, was der liebe Gott ihm antwortet.

„Du kannst es dir nicht aussuchen", sagt der liebe Gott. „Entweder es klingt überall mit oder du deckst es so fest zu, dass es nirgends mitklingen kann."

„Es soll mitklingen, bitte", sagt Xaverl. „Ich hab es mir überlegt."

Xaverl beschwert sich

averl steht vor der Tür zum Wohnzimmer und tritt von einem Bein auf das andere. Da drinnen streiten sie. Und wie sie streiten! Die Mutter sagt: „Nicht einmal den kleinsten Handgriff …!" Der Vater sagt: „Diese ewige Nörgelei …" Die Mutter sagt: „… wie den letzten Dreck!" Der Vater sagt: „… nichts als Vorwürfe!" Ihre Stimmen werden laut und böse.

Xaverl flüchtet in sein Zimmer.

„Lieber Gott", sagt er, „bitte mach, dass sie aufhören!" Und dann wird er still, ganz still, damit er hören kann, was der liebe Gott ihm antwortet.

Der liebe Gott antwortet nichts.

„Du", sagt Xaverl, „hörst du mich? Mach, dass sie aufhören! Ich halte das nicht aus! Mach, dass sie friedlich sind!"

Aber der liebe Gott antwortet nicht.

„Du", sagt Xaverl, während ihm die Tränen über die Wangen rollen, „warum tust du nichts? Du musst jetzt was tun! Du musst!"

Er horcht mit aller Kraft, aber der liebe Gott schweigt.

Xaverl steigt ins Bett und zieht die Decke über die Ohren, damit er den Streit aus dem Wohnzimmer nicht mehr hört. „Ich versteht dich nicht, lieber Gott! Ich bin ganz furchtbar enttäuscht von dir!"

Und er hält den Atem an, damit er hört, was der liebe Gott ihm jetzt sagen wird. Denn wenn sich der Xaverl so bitter bei ihm beschwert, dann kann der liebe Gott doch nicht schweigen.

Der liebe Gott schweigt.

Xaverl wartet und weint und wartet. Dann hält er es nicht mehr länger aus im Bett. Auf bloßen Füßen läuft er ins Wohnzimmer. Die Eltern streiten noch immer.

„Hört doch auf!", sagt Xaverl. „Ich bin so traurig, wenn ihr streitet. Ich hab Angst, dass ihr euch scheiden lasst wie die Eltern von der Monika."

„Also jetzt mischt sich der Fratz auch noch ein!", ruft der Vater.

„So ein Blödsinn! Wer redet denn von Scheidung!", ruft die Mutter.

„Mir ist lieber, ihr schimpft beide zusammen mit mir, als dass ihr so böse aufeinander seid!", schluchzt Xaverl.

„Wir sind nicht böse aufeinander, wir haben nur eine kleine Meinungsverschiedenheit", brummt der Vater.

„Wohin kommt man denn, wenn man nicht einmal mehr in Ruhe streiten darf", sagt die Mutter mit einem kleinen Schimmer ihres gewohnten Lachens in den Augen. „Verroll dich ins Bett, Xaverl, und zwar sofort!"

Xaverl geht. Er gähnt laut vor Müdigkeit.

Mit einem tiefen Seufzer kriecht er unter die Decke.

„Das hast du gut gemacht", sagt der liebe Gott.

„Mhm", kommt es unter der Decke hervor. Aber vielleicht sind es auch nur zwei tiefe Atemzüge gewesen.

Xaverl will gewinnen

Xaverl mag den Schwimmunterricht im Hallenbad. Er mag das Gefühl, so geschwind wie ein Fisch zu sein. Er spürt gern die Kraft in seinen Armen und Beinen. Und er hört es gern, wenn die Lisi sagt: „Im Brustschwimmen ist der Xaver schon fast so gut wie der Paul."

Paul ist der beste Schwimmer der anderen Klasse. Beim Wettschwimmen ist er Erster geworden, aber Xaverl war nur um eine Armlänge hinter ihm. Beim nächsten Wettschwimmen will Xaverl gewinnen.

„Du schaffst es bestimmt!", sagt Lisi. „Üb noch den Startsprung und üb noch das Wenden. Darin ist der Paul noch besser als du!"

Xaverl übt den Startsprung. Er muss den günstigsten Winkel finden, bei dem das Wasser seinem Körper den geringsten Widerstand bietet. Und beim Wenden muss er so nahe wie möglich an die Beckenwand heran, damit der Abstoß kräftig ausfällt.

Xaverl stellt sich vor, wie es sein wird, wenn er gewinnt. Vielleicht ist er zwei, drei Tempi vor Paul. Paul wird Augen machen und das geschieht im schon recht, dem Paul. Weil er immer schreit: „Ich bin der Beste!" Und weil er gesagt hat, dass die Lisi an Land zwar ganz lieb, aber im Wasser unmöglich ist.

Xaverl stellt sich vor, dass er beim Wettschwimmen so schnell ist, dass er vor Paul aus dem Becken steigt. Lisi reicht ihm ein Handtuch, Xaverl reibt sich ab und sagt zu Paul, der verdutzt aus dem Wasser klettert: „Ärger dich nicht. Man kann nicht immer der Beste sein!"

Xaverl übt und es fällt ihm auf, wie Paul ihn nachdenklich von der Seite ansieht.

Das nächste Wettschwimmen ist für Freitag angesetzt. Xaverl freut sich schon darauf. Nur schade, dass die Lisi nicht dabei sein kann. Sie hat Röteln bekommen, leider, und wird nicht mit ansehen, wie Xaverl gewinnt. Sie wird im Bett liegen und schimpfen wie ein Spatz und Xaverl die Daumen halten.

Am Freitagvormittag wundert sich Xaverl, wie langsam die Zeit vergeht. Die Religionsstunde will kein Ende nehmen. Das Aufsatzschreiben in der zweiten Stunde ist so langweilig wie noch nie. Xaverl gähnt. Ihm ist heiß und sein Kopf ist schwer. Wenn es nur schon Nachmittag wäre! Langsam schreibt er den letzten Satz. Sabine sammelt die Hefte ab. Sie schaut Xaverl an und ruft: „Na so etwas! Und ausgerechnet heute!"

„Was ist los?", fragt Xaverl

„Na, schau in den Spiegel", sagt Sabine

Die Lehrerin wird aufmerksam. „Oje, oje! Armer Xaverl! Du hast Röteln bekommen! Du gehörst ins Bett!"

Xaverl sieht im Spiegel die roten Flecken in seinem Gesicht.

„Aber das Wettschwimmen …", stammelt er.

„Tut mir leid, wirklich", sagt die Lehrerin. „Aber du darfst doch die anderen Kinder nicht anstecken! In der Parallelklasse sind bis jetzt noch keine Röteln. Xaverl, pack deine Sachen! Ich rufe deine Mutter an, dass sie dich abholt!"

Xaverl sagt, dass es ihm sehr gut geht und er allein heimgehen kann. Er will mit niemandem reden. Er will nicht mit anhören, wie leid er allen tut.

Er will auch nicht mit der Mutter reden, die ihn abholt und nach Hause bringt. Er geht sofort ins Bett, kriecht unter die Decke und atmet tief, damit die Mutter glaubt, dass er gleich eingeschlafen ist.

„In ein paar Tagen ist alles wieder gut", sagt die Mutter und lässt Xaverl allein.

Ja, denkt er, aber das Wettschwimmen. Paul wird gewinnen.

„Lieber Gott", sagt er unter der Decke. „Wenn Röteln schon sein müssen, warum gerade heute?

Den langweiligen Aufsatz lässt du mich schreiben, aber zum Wettschwimmen lässt du mich nicht! Weißt du, wie ich mich kränke?!"

„Du hättest heute so gern gewonnen", sagt der liebe Gott.

„Ich hätte doch Chancen gehabt – oder?", fragt Xaverl.

„Natürlich", sagt der liebe Gott. „Den Startsprung kannst du wirklich gut und das Wenden geht auch schon viel besser."

„Eben", weint Xaverl. „Und du verpatzt mir das Gewinnen."

„Ich verstehe, dass du enttäuscht bist", sagt der liebe Gott. „Aber solche unangenehmen Dinge haben oft auch eine gute Seite."

„Wenn du meinst", brummt Xaverl. „Da bin ich aber gespannt. Im Moment sehe ich keine gute Seite. Gar keine." Er beschließt, an diesem Tag nichts mehr mit dem lieben Gott zu reden. Er ist auch viel zu müde dazu. Er schläft ein.

Am frühen Abend – das Wettschwimmen ist längst entschieden und bestimmt hat Paul gewonnen – bekommt Xaverl Besuch. Zuerst hört er die Stimmen im Vorzimmer.

„Kind", sagt die Mutter, „wenn du dich ansteckst …"

„Na, dann steck ich mich halt an", antwortet eine Bubenstimme.

Und schon kommt Paul ins Zimmer herein. Xaverl setzt sich im Bett auf.

„Du bist's. – Hast du gewonnen?"

„Ich hab gewonnen", sagt Paul. „Aber lieber wäre mir schon gewesen, wenn du hättest mitschwimmen können. Jetzt weiß ich nicht genau, ob ich wirklich der Beste bin. Blöde Röteln! Also, das wollte ich dir sagen."

„Vielleicht gibt es wieder ein Wettschwimmen", sagt Xaverl.

„In vierzehn Tagen", sagt Paul. „Oder später, wenn du eben wieder ganz gesund bist. Mein Bruder ist Schwimmer bei den Junioren. Er schwimmt erstklassig. Er wird mich trainieren."

„Aha", sagt Xaverl.

„Du kannst mittrainieren, wenn du magst", sagt Paul. „Das richtige Wenden mit Rolle, das klappt bei dir ja auch noch nicht."

„Mittrainieren", sagt Xaverl. „Na ja. Warum eigentlich nicht?"

„Also, das wollt ich dir sagen", sagt Paul und will wieder gehen.

„Augenblick", ruft Xaverl. „Ich möchte dich etwas fragen. Warum findest du die Lisi im Wasser so unmöglich?"

„Na, weil sie jedem Spritzer ausweicht", sagt Paul. „Sie will nicht springen. Sie will nicht tauchen. Gar nichts will sie."

„Sie verträgt das Chlorwasser nicht", sagt Xaverl. „Sie hat schon so oft eine Augenentzündung gehabt."

„Ach so", sagt Paul und verabschiedet sich. An der Tür dreht er sich noch einmal um und erzählt, dass Sabine ihm nach dem Wettschwimmen die Zunge gezeigt hat. Dabei kann er doch nichts dafür, dass Xaverl die Röteln bekommen hat.

Xaverl lacht.

Später muss er lange nachdenken.

„Du, lieber Gott, bist du da?"

Und dann wird er still, ganz still, damit er hören kann, was der liebe Gott ihm antwortet.

„Ich bin da", sagt der liebe Gott.

„Du", sagt Xaverl. „Der ist doch ganz nett, der Paul … Vielleicht kann ich ihn zum Freund gewinnen oder was meinst du? Ist es leichter, gegen einen Freund zu verlieren?"

„Nein", sagt der liebe Gott. „Aber das Trainieren ist lustiger."

Xaverl
soll es von zwei Seiten sehen

averl geht gern in den Tiergarten. Am liebsten geht er allein, aber mit dem Lehrer und den Schulkollegen ist es auch ganz nett. Martina geht neben ihm. Sie hat eine braune Haut und schwarzes Haar. Auf ihrem Schopf schwebt eine blaue Seidenschleife wie ein Schmetterling aus einem fremden Land.

Martina hat sich eine Tüte Eis gekauft. Immer wieder hält sie die Tüte vor Xaverls Mund. „Da, schleck einmal!"

Sie kommen zum Orang-Utan-Käfig. Der Orang-Utan hat rotes Haar. Er trommelt mit den Fäusten auf seine Brust. Er rüttelt an dem kahlen Baum, der in seinem Käfig steht. Er öffnet den Mund und brüllt. Martina greift nach Xaverls Hand.

„Du musst mich beschützen, Xaverl."

Sie hält seine Hand auch noch, als sie längst bei den Zebras sind.

„Du", flüstert Martina. „Du gefällst mir. Wenn du magst, versprech ich dir die Treue, auf ewig."

„Oh", sagt Xaverl, weil er nicht weiß, was er sonst dazu sagen soll.

„Also dann auf ewig", sagt Martina.

Hand in Hand gehen sie von den Zebras zu den Löwen, von den Löwen zu den Elefanten. Martina holt einen Apfel aus der Tasche. „Da, Xaverl, für den großen Dicken!"

Xaverl fragt den Wärter, ob er dem Elefanten den Apfel hineinwerfen darf, dann lässt er den Apfel vor die Füße des großen Dicken rollen. Der Elefant greift mit dem Rüssel danach und steckt ihm in sein Maul.

Martina freut sich. „Schau, der Elefant zwinkert mit den Augen. Das heißt: Vielen Dank, gut war's."

Xaverl lacht. Es ist schön, mit Martina durch den Tiergarten zu gehen.

Die meisten Tiere darf man nicht füttern. Das tut Martina leid. Besonders im Vogelhaus tut es ihr leid. „Wie gern würde ich die herlocken", sagt sie und späht zu den Kolibris hinein.

Die Kolibris funkeln wie Wassertropfen in der Sonne. Sie schwirren über den Blütenkelchen und tauchen mit ihren langen dünnen Schnäbeln nach Nektar und kleinen Spinnen. An einem Zweig entdeckt Martina ein Nest. Es ist nicht größer als eine Nussschale.

„Du solltest statt der Schleife eine Blume im Haar haben", sagt Xaverl zu Martina. „Und über der Blume müsste der Kolibri schwirren wie ein winziger bunter Hubschrauber. Das wäre der schönste Schmuck für dich."

Martina kichert.

Nach dem Vogelhaus gehen sie noch zu den Bären. Die Bären interessieren Martina nicht so sehr. Sie ist müde geworden. Sie setzt sich auf eine Bank und schaut den Spatzen zu, die im Sand zu ihren Füßen baden.

„Ich hab noch eine halbe Semmel", sagt Paul zu Martina. „Wenn du sie füttern magst …"

„Gut, wenn ich die Kolibris schon nicht locken darf", sagt Martina und füttert die Spatzen.

Auf dem Rückweg zum Autobus geht Martina mit Paul. Xaverl fühlt einen Stich in seiner Brust.

„Lieber Gott, was sagst du jetzt?", fragt er, obwohl er nicht glaubt, dass er inmitten all des Lärms hören kann, was Gott ihm antwortet.

Aber Gott spricht ganz deutlich auch im Straßenlärm. „Bist du traurig?", fragt er.

„Ja", sagt Xaverl. „Weil sie mir ewige Treue versprochen hat und jetzt geht sie mit dem Paul. Nicht einmal einen Tag lang kann sie treu sein."

„Du kannst das auch anders sehen", sagt der liebe Gott. „Sie war dir sehr lange treu: vom Orang-Utan bis zu den Zebras, von den Zebras bis zu den Löwen und Elefanten. Von den Elefanten bis zu den Kolibris!"

„Du meinst, das ist lang genug?", fragt Xaverl.

„Für so ein kleines Mädchen, das erst üben muss?", fragt der liebe Gott.

„Schön, wenn du meinst", sagt Xaverl. „Dann dürfen wir der Martina also nicht böse sein, so gesehen."

„So gesehen nicht", sagt der liebe Gott.

Die Hundehütte

m Zaun zum Nachbargarten ist eine Lücke, gerade so breit, dass Xaverl durchschlüpfen kann. Gleich hinter dem Zaun, zwischen den Fliederbüschen, steht eine Hundehütte. Sie wird seit Jahren nicht mehr gebraucht.

Der Nachbar hat zu Xaverl gesagt: „Ich reiße sie ab – außer, du hättest sie gern zum Spielen."

„Nicht abreißen!", hat Xaverl gebeten.

Zum Spielen braucht er sie nicht, die Hundehütte. Nur zum Alleinsein.

Hier schaut ihm niemand zu, wenn er nachdenken will.

Hier ist ein gutes Versteck, wenn er traurig ist.

Der Fußboden ist aus Holz, eine harte Unterlage für Xaverl, wenn er sich auf den Rücken rollt und die Beine gegen die Wand stemmt. Über manches kann er hier besser nachdenken als zu Hause im weichen Bett.

An diesem Tag aber will Xaverl nicht einmal nachdenken.

Er will nicht dran denken, wie die Kinder ihn ausgelacht haben, nur weil er beim Schulfest so falsch gesungen hat.

Er will nicht dran denken, dass er vergessen hat, für Lisi die Puppenstubensessel zu basteln.

Er will nicht darüber grübeln, woran es liegt, dass ihm diesmal rein gar nichts gelungen ist.

Er kommt sich müde und klein und jämmerlich vor, zu nichts zu gebrauchen. Er will sich nur ausruhn.

„Lieber Gott", sagt Xaverl. „Bist du da?"

„Ja, ich bin da", sagt der liebe Gott.

„Ich wäre jetzt aber viel lieber allein", sagt Xaverl. „Ich halt's im Moment nicht aus, dass da einer bei mir ist und etwas will von mir und mich festhält."

„Ich halt dich nicht fest", sagt der liebe Gott. „Ich störe dich nicht. Ruh dich nur aus, ich halt derweil die Hundehütte."

Zeit

Hans, der Rotschopf, stellt Xaverl ein Bein, und als Xaverl stolpert, fängt er ihn auf.

„Hoppla!", sagt Hans. „Weil du es immer so eilig hast. Das kommt davon."

„Du Depp, du hast mir ein Bein gestellt", brummt Xaverl.

„Natürlich", sagt Hans. „Sonst wärst du nicht stehen geblieben. Nie hast du Zeit. Immer hast du etwas zu tun. Wohin rennst du? Zum Fußballplatz?"

„Von dort komm ich grad", sagt Xaverl. „Jetzt geh ich nach Haus."

„Und hast einmal nichts vor …", sagt Hans.

„Doch", sagt Xaverl, ich …"

„Na?", fragt Hans.

Xaverl zögert. Kann er dem Hans erzählen, was er vorgehabt hat? Dass er mit dem lieben Gott reden wollte, ausführlich und in aller Ruhe?

Hans wird ihn auslachen, wenn er ihm das sagt.

„Na?", fragt Hans. „Geheimnisse?"

„Ich hab ein wichtiges Gespräch", sagt Xaverl. „Mit dem lieben Gott."

Hans lacht. „Du bist ein Spinner! Xaver, du spinnst."

„Oder", fragt Xaverl, „weißt du jemand Gescheiteren für ein Gespräch?"

Hans schaut verdutzt drein. „Also das wieder nicht. Ich hätt nur – ich hätt dir vielleicht unter Umständen etwas erzählen wollen."

Xaverl denkt: Mit dem lieben Gott kann ich später reden. Zu Hans sagt er: „Du, ich hab Zeit. Haufenweise Zeit."

„Gehn wir zu dem kleinen Tümpel hinter der Ziegelei", sagt Hans. „Dort gibt es Kaulquappen, die sind schon so lang wie mein Fingernagel und haben deutlich sichtbare Hinterbeine."

Xaverl geht mit Hans zum Tümpel hinunter. Will Hans Kaulquappen fischen? Er hat keinen Käscher mit, kein Glas.

Sie sitzen am Tümpelrand und schauen ins braune Wasser.

„Das tut mir gut", sagt Hans. „Einmal nicht an meine kleine Schwester denken müssen. Nicht, dass ich etwas hab gegen sie. Sie ist zwar ein Biest, ein lautes, quietschendes Biest, aber so sind, glaub ich, alle."

„Ich weiß nicht", sagt Xaverl. „Ich hab keine Geschwister."

„Darum bist du das Lieblingskind deines Vaters", sagt Hans. „Und das Herzblatt von deiner Mutter. Xaver, du hast es gut!"

Xaverl wartet.

„Bei uns ist es so", sagt Hans. „Die Heidi ist der Liebling von meinem Vater und auch sonst dreht sich in der Familie alles um sie. Nur meiner Mutter geht sie oft auf die Nerven. Dann sagt die Mutter zu mir: Geh, spiel mit der Heidi. – Ich bringe sie in der Früh in den Kindergarten und am Nachmittag hol ich sie ab. In meiner Klasse sagen sie Kindermädchen zu mir und das ist noch viel ärger als Rotschopf. Den Rotschopf hab ich ihnen schon abgewöhnt, aber das tut mir jetzt leid."

„Hör nicht auf sie", sagt Xaverl. „Deine Mutter wird froh sein, dass du ihr hilfst mit der Heidi."

„Ja", sagt Hans. „Aber jetzt kommt noch etwas dazu. Die Mutter kriegt wieder ein Kind. Der Vater freut sich, er wünscht sich noch eine Tochter. Der Heidi ist es gleich, ob es ein Bruder oder eine Schwester wird. Aber sie freut sich auch. Nur ich freu mich nicht. Weil ich dann bestimmt doppeltes Kindermädchen sein muss. Und wenn das neue Baby das Lieblingskind meiner Mutter wird, was bleibt dann für mich?"

„Du könntest der Lieblingsbruder von einem der

beiden werden", murmelt Xaverl, aber er spürt gleich selbst, dass das ein schwacher Trost ist.

„Wie die mich auslachen werden, wenn sie mich mit dem Kinderwagen sehen …", sagt Hans.

„Abwarten!", ruft Xaverl. „Bei der ersten Ausfahrt mit dem neuen Baby geh ich mit dir und beim nächsten Mal nehmen wir Mädchen mit, die Lisi, die Martina und die Sabine. Denen leihen wir den Kinderwagen, aber nur ausnahmsweise. Wirst sehen, die werden noch alle beleidigt sein, wenn du sie nicht herumfahren lässt."

„Gut, wenn du meinst", sagt Hans und starrt in das Tümpelwasser. „Ob die Heidi schon gescheit genug ist für Kaulquappen? Vielleicht nehm ich sie morgen mit und fange ein par für sie. Nur zum Beobachten." Er schaut auf die Armbanduhr und springt in die Höhe. „Galopp, Galopp. Ich muss die Heidi vom Kindergarten abholen."

Sie laufen, so schnell sie können. Nur noch drei Kinder sitzen auf den kleinen Bänken in der Garderobe. Zwei von ihnen, die Schlosserzwillinge, weinen bitterlich.

„Die sind nämlich blöd", sagt Heidi zu Hans. „Die glauben, ihre Mama hat sie vergessen."

„Und du", fragt Xaverl, „du hast keine Angst gehabt?"

„Nein", sagt sie. „Der Hans vergisst mich doch nicht."

Xaverl begleitet sie bis zur steinernen Christophorusbrücke. Dann geht er heim. Er schreibt die Hausübungen und zeichnet in Lisis Naturkundeheft einen wunderschönen blassgelben Zitronenfalter. Den hat sie sich zum Geburtstag gewünscht.

Erst am Abend im Bett fällt ihm der liebe Gott wieder ein.

„Ich hab für dich keine Zeit gehabt", sagt er. „Diese Sache mit dem Hans …"

„Es ist schon recht", sagt der liebe Gott. „Im Augenblick warst du der Einzige, den ich ihm schicken konnte."

Xaverl
findet eine Geschichte

In einem Buch findet Xaverl die Geschichte vom alten Mose, der mit Gott sprechen durfte wie ein Freund mit dem anderen. Und wenn er mit Gott, seinem Freund, gesprochen hatte, leuchtete sein Gesicht. Die Menschen sahen das Licht, das von Mose's Gesicht ausstrahlte, und fürchteten sich, in seine Nähe zu kommen. Da verhüllte Mose sein Gesicht mit einem Schleier.

„Oh", sagt Xaverl, „man sieht's einem an, wenn er viel mit dir spricht und dein Freund ist."

Beinah erschrickt er. Was ist, wenn auch sein Gesicht anfängt zu leuchten? Werden sich alle fürchten, in seine Nähe zu kommen?

Xaverl geht ins Badezimmer und schaut in den Spiegel. Sein Gesicht ist wie immer, schon ziemlich braun von Sonne und Wind, mit ein paar dunklen Sommersprossen auf Nase und Wangen. Nichts leuchtet, gar nichts.

Fast ist Xaverl enttäuscht. Ein kleines, ganz kleines Leuchten hätte ihn nicht gestört. Ein Zeichen dafür, dass er Gottes Freund ist.

Xaverl holt Atem. Erst der Schreck, dann die Enttäuschung. Kein Wunder, dass er jetzt Hunger hat, er fühlt sich inwendig leer und schwach. Er geht in die Küche. Vom Garten her hört er Stimmen. Er schiebt das Fenster einen Spaltbreit auf. Die Mutter redet mit der alten Bäckerin, die über den Zaun auf das Kräuterbeet schaut.

„Ja, ja", sagt die Mutter. „Es ist schon praktisch, das Kräuterbeet. Der Bub hat es mir zum Muttertag geschenkt und schon Wochen vorher hat er daran gewerkt und gesägt und gegossen und ich hab nie hinschauen dürfen."

„Mit Ihrem Xaver können Sie schon zufrieden sein", sagt die Bäckerin. „So ein liebes Kind. Und so fröhlich. Er hat etwas Strahlendes."

„Ja … doch …", sagt die Mutter nachdenklich. „Manchmal schon."

Xaverl arbeitet im Weinberg

Die Maisonne glänzt in den Regenpfützen, die lehmige Erde ist aufgeweicht.

„Die Eisheiligen sind durchs Land gezogen", sagt der Bauer.

Xaverl zieht seine Regenstiefel an, weil er dem Bauern im Weinberg helfen will.

Die kleinen, frischen Triebe unten am Stamm der Weinstöcke müssen abgerissen werden. „Geiztriebe" heißen sie in der Weinbauernsprache, und das Abreißen nennt der Bauer „Abraubern". Das Wort gefällt Xaverl.

„Ein Weinstock soll ja kein Busch werden", sagt der Bauer. „Man muss ihn immer wieder zurückschneiden. Nur wilder Wein darf wachsen, wie er will."

Xaverl hat schon eine lange Reihe Weinstöcke abgeputzt. Er reibt sich den Rücken. Über dem Weinberg fliegen Schwalben hin und her. Sie jagen nach

Mücken. Manche Schwalben sausen auf den Boden herunter und picken kleine Erdklumpen auf. Die brauchen sie, um ihre Nester zu mauern, oder sie bessern das alte Nest damit aus.

„Gibt's noch das Nest unterm Presshausdach?", fragt Xaverl.

„Freilich", sagt der Bauer. „Meine Schwalben brüten schon."

Xaverl freut sich. „Und jetzt raubere ich die zweite Reihe ab", sagt er.

Er findet es schön, dass alle arbeiten, Menschen und Schwalben.

Er schwitzt. Er spürt, dass er müde wird. Aber auch das ist ein gutes Gefühl. Jetzt weiß er, wie fest er gearbeitet hat.

Der Bauer holt Brot und Speck aus dem Auto.

Xaverl zieht die Stiefel aus. An den Weinberg grenzt eine Wiese mit blühendem Löwenzahn. Das Gras ist warm von der Sonne.

Xaverl liegt satt und zufrieden mitten im Löwenzahn. Er schaut in den Himmel hinauf. Hoch oben jagen die Schwalben.

„Du, lieber Gott", denkt Xaverl und fragt nicht einmal, ob Gott da ist. Denn wo soll er sonst sein als hier im Weinberg, bei den Schwalben und im sonnigen Löwenzahn, ganz nahe bei Xaverl. „Du, das ist schön, dass es dich gibt!" Er dehnt und streckt seine Arme. „Und dass es mich gibt, ist auch schön!"

Das Nest

Von weitem kann Xaverl das Zetergeschrei der jungen Schwalben hören. Sie schreien aus vollem Hals, sooft die Eltern mit Futter ankommen. Xaverl schaut zu, wie die alten Schwalben ihren Kindern Mücken und winzige Käfer tief in die aufgesperrten Schnäbel stopfen. Kaum sind sie weggeflogen, ducken sich die Kleinen still ins Nest, und nur ihre runden dunklen Köpfe sind im Schlupfloch zu sehen.

Die Schwalbeneltern sind unermüdlich. Es stört sie nicht, dass Xaverl vorm Presshaus sitzt und ihnen beim Füttern zuschaut.

Xaverl freut sich schon auf das nächste Wochenende. Bis dahin werden die Jungen wieder ein Stück gewachsen sein und ihr Geschrei wird noch lauter und schriller sein.

In dieser Juniwoche wird es regnerisch und bitter kalt. Unaufgefordert zieht Xaverl den warmen Pullover an. Für den Besuch beim Bauern steckt er die Regenjacke ein.

Den ganzen Weg zum Presshaus hinauf wartet er auf das Zetern und Rätschen der jungen Schwalben. Aber er hört keinen Laut. Das Nest hängt unter dem Dach wie immer, aber nichts regt sich darin.

Xaverl läuft zum Bauern und fragt, was mit den jungen Schwalben geschehen ist.

„Die Kälte ist schuld", sagt der Bauer. „Da haben die Alten nicht genug Futter gefunden."

„Ja, aber …", sagt Xaverl und kann es nicht verstehen. „Wo sind sie denn hin, die Kleinen?"

„Sie sind verhungert", sagt der Bauer. „Die Eltern haben die toten Jungen aus dem Nest geworfen, eins nach dem andern. Schau, jetzt bauen sie ein neues Nest für die zweite Brut!"

Xaverl schaut zum Dach hinauf; ja wirklich, dort wächst aus Schlamm und Halmen ein neues Nest, zwei Schwalben tragen emsig den Baustoff heran.

„Verhungert …", flüstert Xaverl.

„Bei solchem Wetter", sagt der Bauer, „und wenn's keine Mücken gibt – ja, was soll man da machen. Es ist halt der Lauf der Welt."

Still steigt Xaverl zum Weinberg hinauf, vorbei an den Gärten, in denen die Rosen blühen. Hier bei dem Gitterzaun hat er im Herbst den lieben Gott lachen gehört.

„Lieber Gott", sagt Xaverl. „Du bist nicht lieb. Ich

versteh nicht, wie sie dich lieb nennen können. Du hast die Schwalben verhungern lassen. Du hast nicht genug Mücken gemacht – und dabei kannst du doch alles!"

Er horcht, ob Gott ihm antworten will; aber in seinem Inneren ist alles so laut und durcheinander, dass er nichts hören kann. Er stellt sich die kleinen Schwalben vor, wie lebendig und frech sie waren mit ihren aufgesperrten Schnäbeln.

„Warum", fragt Xaverl, „muss überhaupt etwas sterben, was vorher so schön und lebendig war? Auch die Mücken müssen sterben, weil die Schwalbenkinder hungrig sind, und wenn die Katze ein schwaches Schwalbenkind findet, frisst sie es auf."

Die Welt, denkt Xaverl auf einmal, und ihn fröstelt bei dem Gedanken, die Welt ist voll Sterben, wenn man genauer hinsieht.

Ihm fällt ein, was er im Fernsehen hat anschauen müssen, an vielen Abenden.

„Du, hörst du mich nicht?", schreit Xaverl.

„Ich bin da. Ich höre dich."

„Ich versteh nicht, warum es so viel Trauriges gibt. So viel Leid. Warum du das zulässt."

„Verstehen kannst du das nicht, Xaverl. Leiden und Trauern gehören zum Menschsein dazu. Wie Freude und Festefeiern."

„Ich will aber den Grund wissen, warum das so ist. Ich will dahinterkommen!"

„Solange du auf der Welt bist und alles mit Menschenaugen siehst, wirst du nicht dahinterkommen, Xaverl."

„Gut, wenn du meinst. Dann gib mir deine Augen!"

„Ich werde dir meine Augen geben –, wenn es so weit ist."

Xaverl wird still, ganz still. Er stellt sich vor, wie das sein wird, mit Gottes Augen zu sehen. Alles zu sehen. Nichts kann verloren gehen.

Das neue Nest fällt ihm ein.

Die zweite Brut.

Wenn auch die verhungert …

„Was können denn so kleine Vögel noch alles fressen?", fragt Xaverl.

„Du hast doch ein Buch über Tiere. Warum schaust du nicht nach?", fragt Gott.

Zu Hause holt Xaverl das Buch aus dem Regal.

Er liest, was über die jungen Schwalben geschrieben steht: „In kalten Sommern füttert der Tierfreund die jungen Schwalben mit frischen Ameiseneiern."

„Ha", schreit Xaverl. „Und woher nimmt man Ameiseneier, wenn man keinen eigenen Ameisenhaufen hat?"

Zornig rennt er im Zimmer hin und her.

Dann kommt ihm die Tante Renate in den Sinn. Die hat sich mit Tieren immer gut ausgekannt. Er sucht die Telefonnummer heraus und ruft sie an.

Tante Renate versteht schnell, worum es geht.

„Wenn man frische Ameiseneier nicht zur Hand hat", sagt sie, „füttert man kleingehackte harte Eier und durch den Fleischwolf gedrehtes Kalbfleisch."

„Das nehmen sie?"

„Meine haben es immer genommen", sagt Tante Renate. „Man muss es ihnen mit der Pinzette nur tief genug in die Schnäbel stecken."

Xaverl bedankt sich. Was er nun erfahren hat, sollen möglichst viele Kinder erfahren. Er fängt an zu zeichnen und zu schreiben. Er setzt sich an die Schreibmaschine. Er wird ein Informationsblatt an das Nachrichtenbrett in der Schule hängen. Er wird für die Kinderseite der Zeitung eine Geschichte schreiben. „Wie man junge Schwalben füttert, wenn es zu wenig Mücken gibt."

„Ach Gott, ach Gott", jammert Xaverl, weil er sich dauernd beim Tippen irrt.

„Aber jetzt geht's dir schon besser", sagt der liebe Gott.

„Mhm", brummt Xaverl. Er hat jetzt keine Zeit. Er tippt mit zwei Fingern: „Sind keine Ameiseneier zur Hand …"

Der Ausblick

Xaverl schnauft vor Anstrengung, aber er steigt die letzten Meter zum Gipfel hinauf. Ein schwarzer Vogel kreist am Himmel und schreit. Weiter unten am Weg, den der Vater langsam, langsam heraufsteigt, kollern die Steine. Und doch ist es still hier oben, feierlich still und ruhevoll.

Xaverl zieht seine Wanderschuhe und die Wollsocken aus. Er will den weichen Almboden unter den Füßen spüren. Gelbe und weiße Sternblumen blühen winzig klein an kurzen, dichtbeblätterten Stengeln.

Xaverl schaut über das Nebeltal zu den Bergen hinüber. Die Berge sind blaue, gewellte Bänder, ein Band nach dem andern. Wie weit sie reichen, wie weit! Xaverl atmet die Luft in tiefen Zügen. Er bohrt seine Zehen ins Gras. Er schaut und schaut.

„Lieber Gott, ist das schön hier!"

„Bitte", sagt Gott, „nimm dir, soviel du magst."

Kirtag

ie Mutter sagt, zwei Stunden Kirtagsrummel sind mehr als genug, und geht heim. Der Vater sagt, die Blasmusik ist ihm viel zu laut, aber er setzt sich unter die Linden und trinkt noch ein Krügel Bier. Er brummt, weil Xaverl ihn schon wieder um Kleingeld bittet, doch Kirtag ist nur einmal im Jahr, damit hat Xaverl ja recht …

Xaverl braucht sehr viel Kleingeld an diesem Tag: für das Ringelspiel, für eine Riesengurke, fürs Ponyreiten, für noch eine Riesengurke, fürs Autodrom und schließlich noch für die Schießbude. Viele Kinder sehen Xaverl beim Schießen zu und das freut ihn. Er schießt eine blaue Rose, die schenkt er der kleinen Heidi. Er schießt einen winzigen rotweißen Rettungsring, den schenkt er dem Paul für den Fall, dass er beim Schwimmen aufs Schwimmen vergisst. Die Mädchen kichern, Paul schnaubt durch die Nase, denn Xaverl ist beim Schießen viel besser als er.

Nun möchte Xaverl noch gern einen Bären schießen. Aber für seinen letzten Schuss reicht ihm die Schießbudenfrau ein Lebkuchenherz. Sie hängt es ihm an einer langen Schnur um den Hals und gratuliert: „Du bist ein guter Schütze!"

Xaverl ist enttäuscht. Ein Bär, selbst aus rosa Plüsch, wäre ihm lieber gewesen.

Die Mädchen umringen ihn und bewundern das Herz. Xaverl schielt auf seine Brust hinunter. Das Lebkuchenherz ist sehr groß, hat einen Schnörkelrand aus hellblauem Zuckerguss und ist mit Marzipanrosen verziert. In seiner Mitte prunkt eine Zuckerschrift: Dir g'hör ich!

„Ist das aber schön!", sagt Martina.

„So richtig zum Weiterschenken!", sagt Lisi.

„Man muss lachen, wenn man es sieht", sagt Sabine.

Wenn die Aufschrift nicht wäre, denkt Xaverl, könnte ich es gleich herschenken, aber so …

Auf einmal hält er es nicht mehr aus, dazustehen mit einem Lebkuchenherz um den Hals. Er brummt: „Drei Stunden Kirtag sind mehr als genug!", und rennt weg.

Wo ist ein stiller Platz zum Ausruhen, Gurkenverdauen und Nachdenken? Xaverl geht in die Kirche hinein und setzt sich auf eine Bank. Hier hört man die Blasmusik nur noch ganz leise, gedämpft.

„Lieber Gott", sagt Xaverl, „da bin ich." Und er

wird still, ganz still, damit er hören kann, was Gott ihm antwortet.

„Mein lieber Xaverl", sagt der liebe Gott.

„Lieb – ich weiß nicht", brummt Xaverl und denkt an die letzten Stunden. Da ist manches geschehen, was ihm nun, wenn er nachdenkt, gar nicht gefällt. Er hat den Toni gepackt und zu sich ins Flugzeug im Ringelspiel gesetzt, er hat ihn hereinzerren müssen, denn der Toni wollte nicht fahren. „Sei nicht so fad", hat Xaverl geschrien, „das ist doch lustig", aber dem Toni ist schlecht geworden. Er hat geweint und hat hinterher zu Xaverl gesagt: „Nur weil du stärker bist, kannst du mich zwingen …!"

Da hat der Xaverl einen Stich in der Brust gespürt.

„Es war gemein von mir", sagt Xaverl, „nur war mir das im Moment nicht klar. Ich war nur zornig, weil er sich so gewehrt hat …"

„Mein lieber Xaverl", sagt Gott.

„Hör zu", sagt Xaverl schnell. „Der Hans wäre gern mit mir Autodrom gefahren, aber ich hab so getan, als würd ich's nicht merken. Ich fahre lieber allein …"

„Xaverl, ich mag dich", sagt Gott.

„So, wie ich bin?"

„So, wie du bist."

„Ich mag mich heute nicht besonders", sagt Xaverl. „Zuletzt war da noch die Sache mit diesem Lebkuchenherzen. Ich hab nicht gewusst, was ich

tun soll. Ganz komisch und blöd bin ich mir vorge-
kommen ... Na rate einmal, wer das Herz von mir
geschenkt haben wollte!"

„Die Martina, die Lisi und die Sabine", sagt Gott.

„Was, die Sabine auch? Das hab ich gar nicht
bemerkt ..."

Xaverl hebt das Herz in die Höhe und streift sich
die Schnur ab.

„Ich weiß nicht, wohin damit. Möchtest du's
haben? Ich lass es dir da, lieber Gott. Irgendwo in
einem finsteren Winkel häng ich's dir auf."

„Vielleicht hinter den Fahnenstangen", sagt der
liebe Gott. „Und wenn du weißt, wem du es schen-
ken willst, kannst du kommen und es dir holen."

Ein schöner Tag

Im Waldbad versuchen Xaverl und Hans, der kleinen Heidi die Angst vor dem Wasser zu nehmen.

„Spring nur, ich fang dich auf!", sagt Xaverl. Heidi steht wippend am Beckenrand. An ihren Armen leuchten die Schwimmflügel in hellem Orange. Heidi kommt Xaverl vor wie ein Vogelkind, das am Nestrand hockt und gern fliegen möchte. Endlich springt Heidi in Xaverls Arme und kreischt, weil das Wasser nach allen Seiten spritzt. Später wagt sie es, sich auf Xaverls Rücken zu legen und sich tragen zu lassen, während er langsam ganz nahe am Rand schwimmt. Xaverl spürt, dass sie Angst hat. Ihre Arme liegen wie Klammern um seinen Hals.

„Hast du noch Kraft für uns beide?", flüstert sie in sein Ohr.

„Kraft wie ein starker Bär", sagt Xaverl. „Außerdem kann ich hier stehen, es ist nicht tief."

Heidi beruhigt sich, nun fasst sie ihn locker nur an den Schultern und ihre Beine plitschen und platschen neben seinen Hüften ins Wasser.

„Xaver, kannst du auch eine Kurve schwimmen?"

Xaverl versteht, was sie meint. Er schwimmt einen kleinen Bogen und gleich wieder hin zum schützenden Beckenrand. Dort zeigt er Heidi, wie sie sich an der Stange halten und mit den Beinen üben kann.

„Und noch einmal, Heidi, und noch einmal!"

„Gelt, wir beide brauchen halt Geduld füreinander", sagt Heidi und zu ihrem Bruder sagt sie: „Das nächste Mal gehen wir wieder mit ihm. Der Xaver gefällt mir."

Sabine lädt Xaverl auf ihr Badetuch ein. „Schau nur, wie groß es ist. Groß genug für zwei Kinder." Auf dem Badetuch ist ein Schiff zu sehen, das segelt mit roten Segeln auf einen Leuchtturm zu. Sabine liegt auf dem Segelschiff, Xaverl liegt auf dem Leuchtturm. Er denkt sich eine Geschichte aus, von Seeräubern auf einem Segelschiff mit blutroten Segeln. Sabine neben ihm schweigt und schaut in den Himmel.

„Du bist mir doch nicht böse, weil ich nichts rede?", fragt Xaverl, nachdem die Seeräuber vom Wächter des Leuchtturms gerettet worden sind und im Wächterstübchen Kakao mit Schlagobers schnabulieren.

„Warum soll ich böse sein?", fragt Sabine. „Miteinander still sein kann auch ganz schön sein."

Der Schlagoberskakao, den die Seeräuber aus großen bunten Krügen getrunken haben, erinnert Xaverl an Tante Steffi. Niemand kocht Kakao besser als sie. Xaverl lädt Sabine zu Tante Steffi ein.

„Was, jetzt, einfach so?", fragt Sabine.

„Wirst sehen, für die ist das gar kein Problem!", sagt Xaverl.

Tante Steffi freut sich, weil die Kinder sie beim Bügeln stören und sie vom Bügeln an diesem Tag sowieso schon genug hat.

„Kakao nach dem Schwimmen – eine prima Idee!", ruft sie und nimmt drei große bunte Becher aus ihrem Schrank. „Freundschaftsbecher" heißen sie, erfährt Sabine von Xaverl, und sie sind kostbar und alt und es ist Wahnsinn, Kinder daraus Kakao trinken zu lassen. Aber Tante Steffi sagt, nur aus diesen Bechern ist Kakao ein Erlebnis.

„Und Xaverls Freunde sind meine Freunde", sagt Tante Steffi.

Weil es bei Tante Steffi so schön und gemütlich war, will Sabine für Xaverl auch etwas Besonderes tun. Sie nimmt ihn mit zu ihrem Großvater. Der hat vor ein paar Wochen einen Hund aus dem Tierheim geholt. Der Hund ist noch scheu, man muss ihm erst zeigen, dass Menschen auch gut sein können. Wer weiß, was der Hund Schlimmes erlebt hat.

Sabine spricht lange und sanft mit dem Hund.

„Struppi, jetzt schau dir den da an! Das ist der Xaver, dem kannst du vertrauen, das ist ein Lieber jaja, ein Lieber!"

Der Hund schaut Xaverl an und bellt und als Xaverl ihm die Hand hinhält, schnuppert er an Xaverls Fingern. Beim Abschied begleitet er die Kinder bis zum Haustor. „Na schau", sagt der Großvater froh. „Es wird schon."

„Das war ein schöner Tag", sagt Xaverl am Abend zum lieben Gott. „Nur du hast nicht reden wollen mit mir! Den ganzen Tag hab ich nichts von dir gehört!"

„Also das stimmt nicht", erwidert der liebe Gott. „Ich habe sehr oft zu dir gesprochen, mit vielen verschiedenen Stimmen."

„Mit verschiedenen Stimmen?", fragt Xaverl.

„Ja", sagt der liebe Gott. „Denk nur nach. Du hast meine Stimme in vielen Stimmen gehört."

Xaverl denkt nach und flüstert „Aha!", und „Ahso!"

An alles erinnert er sich.

„Einmal hast du sogar gebellt", sagt Xaverl.

Inhalt